JUEGOS OLÍMPICOS DE INVIERNO INCREÍBLES

HOCKEY SOBRE HIELO

POR ASHLEY GISH

CREATIVE EDUCATION • CREATIVE PAPERBACKS

Publicado por Creative Education y Creative Paperbacks
P.O. Box 227, Mankato, Minnesota 56002
Creative Education y Creative Paperbacks
son sellos editoriales de The Creative Company
www.thecreativecompany.us

Diseño de The Design Lab
Producción de Graham Morgan
Dirección artística de Blue Design (www.bluedes.com)

Imágenes de Alamy Stock Photo/Paul Sutton-PCN, 17; Associated Press/Sin mérito, 6; Dreamstime/Zhukovsky, 20; Getty Images/Elsa, 10, Fred Lee, 21, Mario Hommes/DeFodi Images, 9, Pool, 13, MCT, 14, ullstein bild Dtl., 2, 5, Wally McNamee, 23, WANG ZHAO, portada, 1; iStock/AndrewJohnson, 15, Shell_114, 16; Shutterstock/katatonia82, 18, Mike Flippo, 19; Wikimedia Commons/Henry Zbyszynski, 7

Library of Congress Cataloging-in-Publication Data
Names: Gish, Ashley, author.
Title: Hockey sobre hielo / Ashley Gish.
Other titles: Ice hockey. Spanish
Description: Mankato, Minnesota : Creative Education and Creative Paperbacks, 2026. | Series: Juegos olímpicos de invierno increíbles | Includes index. | Audience: Ages 6-9 | Audience: Grades 2-3 | Summary: "Celebrate the Winter Olympic Games with this elementary-level introduction to ice hockey, the team sport known for its pucks and sticks. Also included in this North American Spanish translation is a story about the rivalry between the U.S. and Canadian women's ice hockey teams"— Provided by publisher.
Identifiers: LCCN 2024046080 (print) | LCCN 2024046081 (ebook) | ISBN 9798889898931 (library binding) | ISBN 9781682779330 (paperback) | ISBN 9798889899723 (ebook)
Subjects: LCSH: Hockey—Juvenile literature. | Winter Olympics—Juvenile literature.
Classification: LCC GV847.25 .G5718 2026 (print) | LCC GV847.25 (ebook) | DDC 796.962—dc23/eng/20241209
LC record available at https://lccn.loc.gov/2024046080
LC ebook record available at https://lccn.loc.gov/2024046081

Impreso en la India

Tabla de contenidos

Se comenzó a jugar al hockey sobre hielo a principios del siglo XIX. Se convirtió en el deporte nacional de Canadá en 1880. El hockey sobre hielo masculino debutó en los Juegos Olímpicos de Verano en 1920. Pasó a formar parte de los primeros Juegos Olímpicos de Invierno en 1924. Se añadió un evento femenino en 1998.

Canadá ganó la medalla de oro en los Juegos Olímpicos de 1920 en Amberes, Bélgica.

La victoria del equipo de EE. UU. sobre la Unión Soviética en 1980 fue llamada el "milagro sobre hielo".

Canadá ganó la medalla de oro en muchas de las primeras ediciones de los Juegos Olímpicos de Invierno. Entre 1956 y 1988, la Unión Soviética dominó este deporte. Estados Unidos obtuvo la victoria en 1960 y nuevamente en 1980.

Unión Soviética una unión de Rusia y otros gobiernos que formaron un país grande desde 1922 hasta 1991

Antes de llegar a los Juegos Olímpicos, los mejores equipos del mundo deben competir entre sí.

El **Comité Olímpico Internacional** organiza eventos para determinar qué equipos competirán en los Juegos de Invierno. En los Juegos participan doce equipos masculinos y ocho equipos femeninos.

Comité Olímpico Internacional el grupo encargado de organizar los Juegos Olímpicos de Verano e Invierno; tiene su sede en Suiza

BEIJING 2022
FU J.
15
CCM
BRANDT
85
WARRIOR

Dos equipos compiten en cada partido. Cada encuentro consta de tres períodos de 20 minutos. Los jugadores tienen un descanso de 15 minutos después del primer y segundo período.

Algunos jugadores patinan a más de 20 millas por hora (32,2 km/h), lo que convierte al hockey sobre hielo en uno de los deportes más rápidos del mundo.

Cada equipo cuenta con 20 jugadores. Los entrenadores, preparadores físicos y capitanes trabajan junto con el equipo. Durante el juego, seis jugadores de cada equipo pueden estar en el hielo al mismo tiempo: tres jugadores ofensivos, dos defensivos y un portero.

Los jugadores de hockey sobre hielo olímpico deben ser ciudadanos del país que representan en los Juegos.

ALEXANDROVA
31

Los porteros usan mucho equipo de seguridad para protegerse de los discos que vuelan a gran velocidad.

Los jugadores ofensivos intentan marcar un gol. Golpean el disco para enviarlo a la portería del equipo contrario. Los jugadores defensivos se encargan de evitar que el equipo rival marque goles. El portero protege la portería.

disco un pequeño disco de goma utilizado para marcar goles en el hockey sobre hielo

Las afiladas cuchillas de los patines se clavan en el hielo, lo que ayuda a que los jugadores realicen giros cerrados.

Los jugadores usan cascos y equipo acolchado. Los protectores bucales resguardan sus dientes. Los porteros llevan una máscara y almohadillas más gruesas. Además, todos los jugadores usan patines. También los utilizan para bloquear disparos.

Los jugadores luchan por el control del disco.

26
RIBCOR
CCM
JETSPEED

Los discos se congelan antes de cada partido para que se deslicen más y reboten menos sobre el hielo.

Los jugadores utilizan palos de hockey para disparar, pasar y manejar el disco. Muchos palos están hechos de fibra de vidrio o aluminio. El extremo delgado del palo se llama hoja. Con ella, los jugadores controlan el disco.

fibra de vidrio un material resistente hecho de una mezcla de fibras de vidrio y plástico

Portero del equipo de EE. UU.

Los jugadores de hockey sobre hielo se deslizan de un lado a otro sobre el hielo. Se pasan el disco entre ellos. Luego lo disparan hacia la portería. No te pierdas la acción de este emocionante deporte en los próximos Juegos Olímpicos de Invierno.

Hasta los Juegos de 2022, Canadá había ganado la mayor cantidad de medallas en hockey sobre hielo en los Juegos Olímpicos de Invierno.

Competidor destacado: Equipos femeninos de EE. UU. y Canadá

En 1998, los Juegos Olímpicos incluyeron por primera vez el hockey femenino. Ese año, el equipo de EE. UU. se llevó la medalla de oro. En las siguientes cuatro ediciones de los Juegos Olímpicos de Invierno, Canadá ocupó el primer lugar. En 2018, EE. UU. venció a Canadá para ganar su primera medalla de oro en hockey sobre hielo femenino en 20 años. Un nuevo enfrentamiento en 2022 terminó con los canadienses recuperando el oro. ¡Los fanáticos del deporte están entusiasmados por otro duelo olímpico entre estos dos equipos!

NAGANO 1998
LOUISVILLE

Índice